BEI GRIN MACHT SICH IHR WISSEN BEZAHLT

Planung eines kraftorientierten Workout-Kurses

Anna Engler

Bibliografische Information der Deutschen Nationalbibliothek:

Die Deutsche Nationalbibliothek verzeichnet diese Publikation in der Deutschen Nationalbibliografie; detaillierte bibliografische Daten sind im Internet über http://dnb.d-nb.de abrufbar.

ISBN: 9783389020371
Dieses Buch ist auch als E-Book erhältlich.

© GRIN Publishing GmbH
Trappentreustraße 1
80339 München

Druck und Bindung: Books on Demand GmbH, Norderstedt Germany
Gedruckt auf säurefreiem Papier aus verantwortungsvollen Quellen

Das Buch bei GRIN: https://www.grin.com/document/1470107

Deutsche Hochschule für
Prävention und Gesundheitsmanagement
Hermann-Neuberger-Sportschule 3
66123 Saarbrücken

Hausarbeit

Name, Vorname	Engler, Anna
Studiengang	Bachelor of Arts Fitnesstraining
Studienmodul	Gruppentraining 1
Datum Präsenzphase (siehe Ergebnisdokumentation)	03.04 – 06.04.2023
Aufgabe	Planung eines kraftorientierten Workout-Kurse

Inhaltsverzeichnis

1 Planung eines kraftorientierten Workout-Kurses

Ziel der Arbeit ist es einen kraftorientierten Workout-Kurs zu Planen unter der in der Tabelle 1 genannten Rahmenbedingungen.

„Ein Workout- Kurs ist eine abwechslungsreiche Kräftigungsgymnastik unter Traineranleitung mit oder ohne Einsatz von Kleingeräten zu animativer Musik. Das Workout spricht gleichermaßen große Muskelgruppen in Ganzkörperübungen und ausgewählte Muskelgruppen in Isolationsübungen an." (Reiß & Eifler, 2015).

Tab. 1: Rahmenbedingungen Workoutkurs

Externe Bedingungen:	Abgetrennter Kursraum von ausreichender Größe und Ausstattung
Zielgruppe:	16 Personen, gemischt männlich und weiblich, Alter 25-56 Jahre. Keine ge- sundheitlichen Einschränkungen. Alle Teilnehmer sind gut belastbar und gut trainier- bar
Kurslevel:	Einsteiger. Alle Teilnehmer besuchen seit ca. zwei Monaten regelmäßig mindestens einmal pro Woche die Kursstunde
Allgemeine Zielsetzung:	Verbesserung der Kraftausdauerleistung der Hauptmuskelgruppen
Inhalte:	Ganzkörperkräftigung mit gymnastische Übungen für die Hauptmuskelgruppen ohne der Verwendung von Kleingeräten. Gymnastikmatten dürfen eingesetzt werden.
Dauer:	45 min

1.1 Schwerpunkt des Kurses

Das Ziel des Kurses ist es, die Kraftausdauer der Hauptmuskelgruppen zu verbessern. Hierfür stehen nur das Körpergewicht und Gymnastikmatten zur Verfügung.

Der Schwerpunkt des Kurses liegt auf der Oberschenkelmuskulatur. Hierbei werden gezielt der M. Quadriceps femoris und M. biceps femoris gestärkt. Um den Kurs möglichst alltagsnah zu gestalten, werden sowohl statische als auch dynamische Übungen mit eingebaut. Darüber hinaus spielt das Üben und Kontrollieren der eigenen Körperstabilisie-rung eine wichtige Rolle bei der geplanten Kursstunde.

Vorteile einer starken Beinmuskulatur ist der erhöhte Energiebedarf und damit verbundene ansteigende Kalorienbedarf. Präventiv kann eine gestärkte Beinmuskulatur Verletzungen vorbeugen. Auch bilden unsere Beine ein wichtiges Fundament für unsere Körperstabilität und Haltung, welche für einen Schmerzfreien Alltag von großer bedeutung ist. Ebenfalls können gut trainierte Beine das abfangen der Körpermasse um rund 50% reduzieren (Boeckh-behrens und Buskies, 2008, S.11).

1.2 Verwendete Musik

Die Musik ist ein essenzieller Teil einer Kursstunde, da dadurch die Motivation der Teilnehmer steigt und so die Gruppenatmosphäre gestärkt wird. Die Musik wird dem Gruppenaltersdurchschnitt angepasst. Um unnötige Pausen zwischen den Übungen zu vermeiden, wird hier mit flüssigen Übergängen gearbeitet.

Für das allgemeine und spezielle Warm-Up wird ein Workout-Musikmix gewählt. Die Geschwindigkeit im Warm-Up beträgt 125 bpm, da Aerobic Schritte verwendet werden.

Um die Motivation der Teilnehmer zu halten, wird im Hauptteil mit motivationsantreibenden Liedern in der Geschwindigkeit 120 bpm gearbeitet. Somit kann die Übungsausführung auf den Takt der Musik abgestimmt werden.

Damit sich die Teilnehmer im Cool-Down abklingen und entspannen können, wird hier mit einer entspannenden melodischen Musik von maximal 90 bpm oder weniger gearbeitet. Während des Cool-Downs wird mit einer ruhigen aber dennoch genügend lauter Stimme geprochen.

1.3 Stundenverlauf

1.3.1 Begrüßung

Eine nette Begrüßung entscheidet oftmals den Verlauf der Kursstunde und über die Laune der Kursteilnehmer. Bei einer neuen Kursgruppe und oder neuen Teilnehmern sollte eine persönliche Vorstellung erfolgen, um einen Draht zu den Kunden aufzubauen. Motivierende Worte und einen kurzen Satz zum Schwerpunkt und Verlauf der Stunde sind optimal. Bei Neuen Teilnehmern kann man einer Kurze technik einweisung zur beginn der Stunde einführen.

1.3.2 Kursstunde

Tab. 2: Allgemeines Warm-Up

Phase: Allgemeines Warm-Up (4 Minuten)			
Dauer	**Beinbewegung**	**Oberkörper-/Armbewegung**	**Methodisches Vorgehen/ weiter Hinweise**
1 x 32 ZZ	March	Gestützte Arme	Einführung des Schrittes: Knie hoch
1 x 32 ZZ	Step touch	Gestützte Arme	LP: Schritt ändert sich, Arme bleiben.
2 x 32 ZZ	Step touch	Arme Rudern (gestreckt nach vorne)	LP: Schritt bleibt, Arme ändern sich; Arme nach vorne strecken und kontrolliert nach hinten Rudern; Tiefer in die Beuge gehen beim Step touch.
2 x 32 ZZ	Double step touch	Arme Rudern (gestreckt nach vorne)	LP: einen Step touch mehr, Arme bleiben; Tief in die Beuge.

1 x 32 ZZ	Side to side	Arme Rudern (gestreckt nach vorne)	LP: Schritt ändert sich, Arme bleiben ; Zehenspitzen berühren kurz alleine den Boden; Bauch/Po anspannen, Hüfte zeigt nach vorne.
2 x 32 ZZ	Side to side	Boxing	LP: Schritt bleibt, Arme ändern sich; Arme abwechselnd gerade nach vorne Boxen.
2 x 32 ZZ	Side to side	Gestreckte Arme abwechselnd vor rotieren	LP: Schritt bleibt, Arme ändern sich; Abwechselnd Arme nach vorne strecken, dabei leicht im Oberkörper rotieren; Hüfte bleibt fest und zeigt nach vorne.
2 x 32 ZZ	Leg curl	Gestützte Arme	Fuß soll möglichst den Po berühren.
2 x 32 ZZ	Leg curl	Arme Rudern (Dreieck)	Arme rudern von einem Dreieck nach hinten weg; hierbei die Ellenbogen circa im 90 Grad Winkel halten.

Tab. 3: Spezielles Warm-Up

Phase: Spezielles Warm-Up (4 Minuten)

Ziel der Übung	Übungsbezeichnung/ Name der Übung	Übungsbeschreibung	Belastungsgefüge	Bemerkungen/ Hinweise
Vorbereitung Wadenmuskulatur	Calve raises	Schulterbreiter Stand, Versen heben dynamisch vom Boden ab und kommen langsam wieder auf den Boden; Knie gestreckt (nicht durchstrecken); Zehen zeigen leicht nach außen; Arme gerade nach unten gestreckt; Um die Dorsalflexion zu vergrößern den Oberkörper beim hochgehen leicht nach vorne verlagern.	2 Sätz à 8 Wdh.: 2-0-2	Einweisung der Übung: Hüfte bleibt stabil und zeigt nach vorne; „Core" und Po sind angespannt; Arme gestreckt nach unten.
Mobilisierung der Hüfte; Hüfte und Rumpf („Core") werden gestärkt; Stabilisation der Wirbelsäule wird verbessert	Windmill	Schulterbreiter Stand, ein Arm ist vertikal nach oben gestreckt. Anderer Arm gleitet von der Hüfte bis zum Sprunggelenk nach unten. Knie ist leicht gebeugt, Blick geht zur oberen Hand.	2 Sätze à 8 Wdh.: 2-0-2	Kontrollierte Bewegung und nur so weit reingehen wie es die dehnung zulässt. Die Ausführung soll sauber bleiben.
Mobilisierung der Hüfte	Hüftrotation	Knie wird im stand angehoben, sodass zwischen Hüft- und Kniegelenk ein circa 90 Grad Winkel entsteht; Das Bein wird nach außen rotiert und versetzt neben dem anderem Fuß abgesetzt.	2 Sätze à 8 Wdh: 4-0-4	Standbein ist leicht gebeugt, Beinachse bleibt gerade, Bewegung kontrolliert ausführen.
Vorbereitung der Bein- und Gesäßmuskulatur auf kommende Übungen	Squat	Schulterschmaler Stand, Zehenspitzen zeigen leicht nach außen; Blick nach vorne Oberkörper aufrecht, Po geht zuerst nach	2 Sätze à 8 Wdh: 1 Satz: 2-0-2 2 Satz: 4-0-4	„Core" anspannen und in der Endposition den Po anspannen/ Hüfte strecken;

		hinten, dann Beugen sich erst die Knie; Gewicht wird auf die Versen verlagert.		Blick nach vorne Oberkörper bleibt aufrecht.
Vorbereitung der Bein- und Gesäßmuskulatur und Aktivierung der Rumpfstabilität.	Lunges	Ausgangsposition ist im aufrechten Stand; Die Füße sind Schulterschmal auseinander, Arme sind eingestützt; Einen Schritt nach vorne machen, das Knie des anderen Beins stoppt kurz vor dem Boden; Kurz halten und dann wieder zurück in die Ausgangsposition.	1 Satz/Seite à 8 Wdh: 2-0-2	Knie nicht vor die Zehnspitzen bringen; Abkippen des Beckens vermeiden; Ein Stabiler Stand und gerader Oberkörper.
Aktivierung des „Cores"	Bicycle Crunches im stehen	Schulterschmaler Stand Oberkörper aufrecht; Knie und diagonal liegender Ellenbogen zusammen ziehen, sodass sie sich berühren.	1 Satz/Seite à 8 Wdh: 1-0-1	„Core" anspannen und Stabil stehen.

Tab. 4: Hauptteil

Phase: Hauptteil (circa 30 Minuten)

Ziel der Übung	Übungsbezeichnung/ Name der Übung	Übungsbeschreibung	Belastungsgefüge	Bemerkungen/ Hinweise
Kräftigung des großen Gesäßmuskels und der Beinstreck-/Beinbeugemuskulatur	Squats im Stand	Beine zeigen leicht nach außen, Hüftbreiter Stand; Gesäß nach hinten Schieben und die Knie bis circa 80 Grad Beugen; Beine wieder durchstrecken um wieder in die Außgangsposition zu kommen.	2 Sätze à 16 Wdh.: 1 Satz: 8 Wdh. 4-0-4 2 Satz: 8 Wdh. 2-0-2	Knie zeigen nach außen richtung Fußspitzen, Oberkörper bleibt aufrecht und stabil, Po oben anspannen.
Kräftigung des Oberschenkelmuskels, Beinbizeps, Adduktoren, großen Gesäßmuskels und der Wadenmuskulatur	Sumo Squats mit Calve raise	Beine zeigen leicht nach außen, etwas breiterer Stand als Schulterbreit; Gesäß nach hinten Schieben und die Knie bis circa 80 Grad Beugen; Beine wieder durchstrecken und die Versen nach oben ziehen und wieder ablassen.	2 Sätze à 16 Wdh.: 1 Satz: 8 Wdh. 2-0-2 2 Satz: 8 Wdh. 4-0-4	Oberkörper stabil und aufrecht, Gewicht beim Versenangheben leicht nach vorne verlagern, Po oben anspannen.
Kräftigung der Oberschenkelmuskulatur und des großen Gesäßmuskels	Ausfallschritt Unilateral	Mit einem Bein einen großen schritt nach vorne machen und Füße auf eine Gerade bringen; Oberkörper ist Stabil und aufrecht, Kopf zeigt nach vorne; Beuge das vordere Bein bis circa 90 Grad und lass das Knie des anderen Beines kurz vor dem Boden stoppen; danch wieder in Außgangstellung bringen.	2 Sätze/Seite à 16 Wdh.: 1 Satz: 8 Wdh. 4-0-4 2 Satz: 8 Wdh. 2-0-2	Stabil stehen, Knie nicht über die Fußspitzen, Oberkörper stabil und aufrecht

Kräftigung der Gesäß- und rückseitigen Rumpfmuskulatur	Bird Dog	Start im Vierfüßler Stand; ein Bein wird vom Boden angehoben und das Kniegelenk nach hinten gestreckt; Der diagonale Arm wird angehoben und ebenfalls nach vorne ausgestreckt; Blick richtung Boden, angehobener Arm und Bein dienen als Verlängerung des Rückens; Danach werden Ellenbogen des gestreckten Armes und Knie des gestreckten Beines zusammengeführt ohne den Boden zu berühren.	2 Sätze/Seite à 16 Wdh.: 1 Satz: 8 Wdh. 4-0-4 2 Satz: 8 Wdh. 2-0-2	Arm und Bein dienen als verlängerung des Rückens; „Core" auf spannung halten wärend der Übung und Blick richtung Boden; Kopf dient als Wirbelsäulenverlängerung.
Kräftigung des oberen Rückens und rückseitigen Rumpfmuskulatur	Fallschirmspringer	Bauchlage und Füße auf den Fußspitzen ablegen; Unterer Rücken und Schultern aktivieren, Blick ist richtung Boden und dient als Wirbelsäulenverlängerung; Arme sind nach hinten ausgestreckt; Brust und Arme anheben und wieder ablassen.	2 Sätze à 24 Wdh.: 1 Satz: 8 Wdh. 2-0-2 2 Satz: 16 Wdh. 1-0-1	Kopf mitnehmen und nicht hängen lassen, auf Körperspannung wärend der Übung achten.
Kräftigung der Gesäßmuskulatur und der Oberschenkelmuskulatur	Flutterkicks	Bauchlage, Kopf liegt auf dem Boden auf; Arme liegen gekreuzt um dem Kopf; Abwechselnd werden die Beine richtung Decke angehoben.	1 Satz/Seite à 16 Wdh.: 1-0-1	Kopf und Oberkörper bleibt fest am Boden, nur Beine bewegen sich kotrolliert, Po anspannen.
Kräftigung der Gesäßmuskulatur	Glute Bridge	Rückenlage, Rücken liegt flach auf den Boden; Füße werden so nah an das Gesäß rangezogen, sodass im Knie ein 90 Grad Winkel entsteht; Der Po wird soweit angehoben, sodass Rücken, Po und Oberschenkel eine Linie bilden; Danach wird der Po bis kurz vor dem Boden abgelassen.	2 Sätze à 16 Wdh.: 1 Satz: 8 Wdh. 4-0-4 2 Satz: 8 Wdh. 2-0-2	Po und „Core" oben anspannen, Spannung ganze Übung lang halten.

Kräftigung der Bauchmuskulatur und der tiefliegenden Muskulatur des „Cores"	Crunches	Rückenlage, Fersen auf den Boden aufstellen; Knie sind 90 Grad angewinkelt; Arme sind überkreuzt vor der Brust; Kopf liegt auf der Brust; Unterer Rücken bleibt wärend der Übung auf den Boden; Oberer Rücken und Brust hebt vom Boden ab und senkt sich wieder nach unten.	2 Sätze à 16 Wdh.: 1 Satz: 8 Wdh. 4-0-4 2 Satz: 8 Wdh. 2-0-2	„Core" auf spannung bringen, Fersen und unteren rücken in die Matte pressen, Kopf auf die Brust ablegen.
Kräftigung der unterhalb liegenden Bauchmuskulatur und der tiefliegenden Muskulatur des „Cores"	Reverse Crunch	Rückenlage, Arme seitlich gestreckt; Beine werden angehoben und die Oberschenkel richtung Decke gestreckt und das Becken vom Boden angehoben; langsam wieder ablassen und die Beine über den Boden gestreckt halten.	2 Sätze à 16 Wdh.: 1 Satz: 8 Wdh. 2-0-2 2 Satz: 8 Wdh. 4-0-4	„Core" auf spannung bringen, mit der Ausatmung Becken nach oben bringen, Beine bleiben wärend der ganzen Übung über den Boden gestreckt.

Tab. 5: Cool Down II

Phase: Cool Down II (circa 8 Minuten)

Ziel der Übung	Übungsbezeichnung/ Name der Übung	Übungsbeschreibung	Belastungsgefüge	Bemerkungen/ Hinweise
Lockerung und Beweglichkeitserhalt der Hüfte	Hüftkreisen im liegen	Rückenlage, Oberkörper und Kopf liegen locker auf dem Boden; Knie werden von den Händen umfasst und zum Bauch gezogen, sodass die Füße in der Luft hängen; Hüfte langsam kreisen lassen.	10-20 Sek./ 2-mal; erst Links rotieren, dann nach Rechts	Schultern und Nacken sind entspannt auf dem Boden; Spannung rausnehmen und Hüfte locker im eigenen Tempo Kreisen lassen.
Beinrückseite Dehnen und entspannen	Beinrückseite Dehnen	Sitzend mit gestreckten Beinen, aufrechter Oberkörper; Hände langsam an die Füße bringen und die Spannung halten; langsam wieder lösen.	20-30 Sek. Dehnen/ 2- mal	Nach jedem Atemzug immer mehr in die Dehnung reingehen; Beine bleiben gestreckt.
Lockerung und bewegungserhalt der Schulter und des Nackens	Schulterkreisen im Schneidersitz	Schneidersitz, Oberkörper ist aufrecht; Ziehe mit den Schultern große Kreise von vorne nach hinten und von hinten nach vorne.	20-30 Sek./ 2-mal; erst nach hinten, dann nach vorne	Lockern und so groß wie möglich die Kreise ziehen; Oberkörper dabei aufrecht halten.
Mobilisierung der Wirbelsäule und des Rumpfes, Entspannung des Rückens	Katze-Kuh	Vierfüßlerstand; Bauchnabel einziehen und Becken Kippen, sodass ein Buckel entsteht; Kinn zeigt zur Brust; Beim nächsten einatmen Bauch richtung Boden senken und Schulterblätter nach hinten ziehen; Blick geht nach vorne und Rücken ist durchgebeugt.	10 Wdh.	Immer mit dem ausatmen in die Bewegung gehen; von mal zu mal immer lockerer werden.

Lockerung der Arme	Armdehnung	Stand Hüftschmal; Linke Hand fässt zwischen die Schultern, die rechte Hand zieht den Ellenbogen des linken Armes in die Mitte.	20-30 Sek./Seite 2-mal	Aufrecht stehen, immer mehr in die Dehnung rein gehen.
Brust dehnen und entspannen	Brustöffnung	Stand Hüftschmal; Hände gehen nach vorne zusammen, oberer Rücken rundet sich leicht ein; Wir öffnen die Arme gestreckt und ziehen die Schulterblätter hinten zusammen, sodass in der Brust eine Dehnung entsteht.	10 Wdh.	Aufrecht stehen, Schulterblätter so weit wie möglich zusammenziehen und 1 Sek. kurz die Dehnung halten.
Aufrichtung der Wirbelsäule, Spannung rausnehmen zum gemeinsamen Abschluss	Ein- und Ausatmen mit Armen schwingen	Stand Hüftschmal; Arme mit der Einatmung nach oben über den Kopf ziehen und mit der Ausatmung nach unten fallen lassen; gleichzeitig den Rücken einrunden und nach unten hängen lassen.	10 Wdh.	Komplett lockern und in die Bewegung reingehen; Arme beim lockern ausschwingen lassen und Oberkörper fallen lassen.

1.3.3   Verabschiedung

In der Verabschiedung kann der Kurstrainer nochmals eine Verbindung zur Begrüßung schaffen. Hierbei kann er aus dem in der Begrüßung genannten Schwerpunkten ein Fazit ziehen und so die Stunde für die Teilnehmer optimal abschließen. Die Verabschiedung dient auch dazu um eventuell Feedback, Anregungen und Empfehlungen von den Kursteilnehmern entgegen nehmen zu können. Der Trainer kann den Abschluss ebenfalls als Werbung nutzen um für Angebote im Studio zu werben.

2 Praktisch Durchführung der Einleitung

Videodatei: : Einleitung Kursstunde

3 Literaturverzeichnis

Boeckh-Behrens, W.-U. & Buskies, W. (2000). *Fitness-Krafttraining: Die besten Übungen und Methoden für Sport und Gesundheit* (12. Aufl.). Hamburg: Rohwolt Taschenbuch Verlag.

Eifler, C. (2022). Studienbrief Gruppentraining I (rev. rev.28.042.000). Saabrücken: Deutsche Hochschule für Prävention und Gesundheitsmanagement.

4 Abbildungs- und Tabellenverzeichnis

4.1 Tabellenverzeichnis